El camión de Cecilio Castor

por Celia Cernuda

ilustrado por Robin Boyer

Destreza clave Sílabas *ce, ci*

Scott Foresman
is an imprint of

PEARSON

Ahí viene el camión de Cecilio Castor.
Cecilio va a recoger a Cirilo.

Cecilio para cerca de la acera.
Cirilo sube al camión.

¿Adónde va Cecilio ahora?
Para en la casa de Ciro y Celina.

—Hola, Cecilio.
—Suban. Los estaba esperando.

¿Adónde va Cecilio ahora?
Va a recoger a César.

Cecilio para el camión.
—Sube, César.

Ya llegaron a la cancha.
—A jugar, castorcitos —dice Cecilio—.
Yo me voy a cenar.